CONSULTATION

LETTRE A UN NOTAIRE

SUR

LA QUESTION DU RENVOI

DES

VENTES JUDICIAIRES

PRIX : **1 franc.**

Quimper, typographie de Kerangal

1877

CONSULTATION

LETTRE A UN NOTAIRE

SUR

LA QUESTION DU RENVOI

DES

VENTES JUDICIAIRES

Monsieur,

Vous m'avez consulté sur l'état de la jurisprudence en ce qui concerne le renvoi des ventes publiques d'immeubles soit devant un juge du siége, soit devant un notaire à ce commis. Je vous soumets le résultat de mes recherches sur ce point, qui intéresse deux corporations et nombre d'intérêts particuliers ; je joins à la nomenclature d'arrêts, que je vous citerai, quelques notes de doctrine.

La question de savoir si les ventes judiciaires d'immeubles doivent être retenues par les magistrats pour avoir lieu à la barre du tribunal, ou au contraire être renvoyées devant notaire, est une question toute de fait et qui se pose dans des espèces multiples, lorsque l'on demande à un tribunal d'ordonner la licitation : 1° de biens dépendant d'une faillite, d'une succession bénéficiaire ou vacante ; 2° d'immeubles, dont l'expropriation forcée est poursuivie, lorsque la conversion de la saisie a été ordonnée ; 3° d'immeubles dotaux, dont l'aliénation a lieu par application de l'article 1558 du code civil ; 4° de biens appartenant, en tout ou en partie, à des mineurs, (c'est l'espèce la plus ordinaire).

Je ne parlerai pas du cas où la licitation est ordonnée à la requête de parties toutes majeures, en vertu de l'article 827 du code civil. Si des personnes, toutes maîtresses absolues de leurs droits, demandent le renvoi de la licitation devant un notaire, il ne me paraît pas que les juges puissent ordonner qu'il y sera procédé à la barre. J'ai, cependant, entendu certains partisans résolus des ventes judiciaires par criées affirmer que, du moment où les co-propriétaires indivis d'un immeuble s'adressaient au tribunal pour la vente en être ordonnée, les magistrats avaient le droit de la retenir, bien que le renvoi devant notaire fût demandé d'un accord unanime. Mais cette théorie est inadmissible en présence de l'alinéa 2° de l'article 827 du code civil, lequel est ainsi conçu : « Les parties, si elles sont toutes majeures, peuvent « consentir que la licitation soit faite devant un notaire « sur le choix duquel elles s'accordent. » Dans ce cas, le jugement qui intervient n'est qu'un véritable décerné acte, et le consentement des parties s'impose aux juges, qui doivent le sanctionner. Ceux-ci ne sauraient arguer d'un droit de protection ou d'intérêt général quelconque, lorsqu'il s'agit de personnes jouissant de la plénitude de leurs droits civils.

Avant d'arriver à l'examen des espèces ci-dessus énoncées, où le pouvoir des tribunaux a lieu de s'exercer, il est utile de présenter quelques observations générales.

Les articles 459, 806, 814, 1558 du code civil ; 743, 953, 954, 970, 988, 997, 1001 du code de procédure civile, et 572 du code de commerce donnent incontestablement aux magistrats un droit d'appréciation fort étendu. Mais ce droit ne constitue pas un pouvoir arbitraire, discrétionnaire ; les jugements, en cette matière comme en toute autre, doivent être sérieusement motivés, et il ne suffit pas d'une considération vague et générale pour refuser l'homologation d'un avis de parents ou repousser les conclusions des parties intéressées concluant au renvoi devant notaire. Pourquoi, sur ce point spécial, les tribunaux se refuseraient-ils, sans raisons graves, sans motifs explicitement déduits, à sanctionner le vœu des familles ou des créanciers d'un failli agissant d'accord avec le syndic ? Est-il admissible qu'une idée systématique et préconçue, une manière de voir générale et absolue devienne la loi des justiciables dans un arrondissement et réserve toutes les ventes judiciaires pour l'audience des criées ? Suffit-il d'une formule vague, souvent négative, pour refuser d'obtempérer aux requêtes des parties intéressées ? Evidemment non ! Et la jurisprudence des cours d'appel, qui ne se lassent pas de réformer en cette matière, le proclame énergiquement.

Je vais vous le démontrer en procédant par catégories. Vous verrez que la seule exception concerne les ventes sur publications volontaires après conversion de saisie.

Licitation de biens dépendant
d'une faillite.

ART. 572 du code de commerce : « S'il n'y a pas
« de poursuites en expropriation des immeubles com-
« mencées avant l'époque de l'union, les syndics seuls
« seront admis à poursuivre la vente ; ils seront tenus
« d'y procéder dans la huitaine, sous l'autorisation du
« juge-commissaire, suivant les formes prescrites pour
« la vente des biens des mineurs. »

La Cour de Grenoble (affaire Serve) a rendu un
arrêt, sous la date du 10 Février 1859, qui réforme en
ces termes un jugement du tribunal de Valence :
« Attendu que le syndic de l'union des créanciers de la
« faillite Serve, autorisé par l'ordonnance du juge-
« commissaire à poursuivre la vente de deux articles
« d'immeubles dépendant de cette faillite, avait demandé
« au tribunal de Valence que cette vente eût lieu devant
« un notaire de la localité où ces immeubles sont situés ;
« attendu que le tribunal, pensant qu'il y avait avantage
« pour les intéressés à ce que la vente fût faite devant
« lui, l'a ainsi ordonné ; mais que, sur l'appel de sa
« décision, ayant été établi devant la Cour que c'était
« conformément au vœu exprimé par le juge-commis-
« saire et par tous les créanciers du failli que le syndic
« avait conclu à ce que les immeubles, qui sont d'une
« minime importance, fussent vendus sur place, parce
« que les enchérisseurs seraient plus nombreux, c'est
« le cas de reconnaître que le tribunal s'est trompé sur
« le véritable intérêt des créanciers et du failli, et de
« réformer, quant à ce, le jugement dont est appel,

« par ces motifs réforme... etc... » — Sirey, 1860, 2,
p. 419.

Sans doute cet arrêt ne contient pas une doctrine
précise sur la question qui vous occupe, doctrine que
vous trouverez affirmée dans des monuments judiciaires
émanés de la même Cour ; mais on y voit cependant la
préoccupation légitime chez les juges de ne pas repousser, sans un motif bien sérieux et réellement fondé, la
demande des parties, c'est-à-dire du syndic et des
créanciers en état d'union. La déclaration faite par le
tribunal, d'une façon arbitraire, qu'il y avait lieu et
avantage à retenir la vente à la barre n'a pas paru aux
magistrats de la Cour devoir l'emporter sur l'avis contraire du syndic des créanciers et du juge-commissaire
de la faillite. Cet avis aurait dû être le guide des
premiers juges à moins, bien entendu, qu'il fût péremp-
toirement demontré être mauvais et erroné ; le vœu des
parties intéressées devait être favorablement accueilli
en principe, à moins qu'il ne fût évidemment préjudi-
ciable à ceux qui l'émettaient ou au failli lui-même ; et
c'est pour avoir pris un autre point de départ que le
tribunal de Valence avait fait fausse route et que sa sentence a dû être corrigée.

Je m'explique. A mon sens, et sous peine de tomber
dans l'arbitraire et de subir l'influence d'une théorie
toute faite, d'une idée préconçue, ou même d'un préjugé,
les magistrats doivent admettre que les parties intéressées, tuteurs et conseils de famille, héritiers bénéficiaires ou curateurs de successions vacantes, créanciers
poursuivants et saisissants, ou syndics de faillite,
femmes dotales ou exécuteurs testamentaires sont les

meilleurs juges des intérêts qui leur sont confiés. Sans doute, ils peuvent se tromper sur l'avantage de la mesure proposée, et, dans ce cas, le devoir des tribunaux est de n'allouer, qu'en les modifiant, les conclusions prises au nom d'incapables, ou de personnes assimilées aux incapables. Mais, c'est avec une extrême mesure et en faisant valoir les considérations de fait déterminantes que les magistrats doivent user de leur pouvoir. Leur décision ne saurait s'appuyer sur le plus ou moins de confiance qu'ils accordent d'une façon générale aux membres de telle ou telle corporation, sur l'opinion plus ou moins favorable qu'ils ont de la vente devant notaire ou à l'audience des criées. S'ils se livraient à une pareille argumentation, elle n'aurait assurément rien de juridique; ce ne serait plus juger chaque espèce suivant sa nature propre et les circonstances spéciales où elle se présente; ce serait procéder, dans une certaine mesure, par voie réglementaire. Et il est certain que, dans tel arrondissement, toutes les ventes intéressant des incapables sont uniformément retenues à la barre, tandis que, dans tel autre, elles sont constamment renvoyées devant notaire. Vérité en deçà des Pyrénées, erreur au-delà !

⸺◦◇◦⸺

Biens dépendant d'une succession bénéficiaire ou vacante.

Les articles 806 du code civil, 987, 988 et 1001 du code de procédure civile, lesquels concernent les formalités à suivre pour la licitation des immeubles composant une succession bénéficiaire ou vacante, se réfèrent aux dis-

positions sur la vente des biens de mineurs. La vente
des biens de mineurs, telle qu'elle est organisée par la
loi, est, du reste, le type auquel se ramènent toutes les
licitations judiciaires. Ce sont, toujours et partout, formalités identiques ou semblables, même pouvoir d'appréciation pour le juge. Mon travail consiste simplement
à rechercher l'usage qui a été fait de ce pouvoir par les
tribunaux et Cours d'appel, comment les magistrats ont
compris leur mission, et quelles limites ils se sont posées
à eux-mêmes pour se défendre de l'arbitraire et de l'esprit systématique.

La Cour de Paris, dès l'année 1816, par un arrêt de
réformation du 29 Mars, reconnaissait le droit qu'a
l'héritier bénéficiaire d'*exiger*, avec le consentement de
ses cohéritiers, qu'il soit procédé à la vente des immeubles devant notaire, et non devant un membre du tribunal, surtout quand les créanciers ne s'y opposent pas.
Et l'annotateur, Monsieur Devilleneuve, approuve cette
sentence et estime qu'il aurait fallu des circonstances
extraordinaires et une réelle nécessité pour refuser l'autorisation demandée.

Statuant dans le même sens que la Cour de Paris,
celle de Bordeaux a, dans un arrêt du 29 Septembre
1835, déclaré que les ventes de biens immeubles dépendant de successions bénéficiaires doivent, à moins
de circonstances particulières, être renvoyées devant
notaire plutôt qu'à l'audience des criées, lorsque les
parties intéressées le requièrent.—(Sirey, 1836, 2, 141.
— Dalloz, 1836, 2, 38.)

Dans cette sentence, je remarque le considérant suivant
qui me paraît confirmer la thèse que j'ai émise dans

mes observations préliminaires : « Attendu que, *mieux*
« *que personne*, l'héritière bénéficiaire est présumée
« savoir ce qui est le plus convenable à ses intérêts et
« à ceux des créanciers de la succession...» Cette raison
est des plus sérieuses et peut être utilement invoquée
dans la pratique des affaires . Il semble, en effet, que
lorsqu'un individu insiste sérieusement, auprès du tribunal
auquel il soumet sa demande, afin d'obtenir telle ou telle
mesure, c'est qu'il sait pertinemment que la mesure en
question lui serait profitable . Et en général les hommes
ne se trompent guères lorsqu'il s'agit de leurs intérêts
pécuniaires et matériels.

En ce qui concerne les successions vacantes, la jurisprudence est la même ; je vous cite notamment deux
arrêts de la Cour de Grenoble, l'un du 21 Juin 1859,
l'autre du premier Juillet 1868. Tous deux sont rapportés
par Sirey ; tous deux réforment des jugements rendus
en première instance ; tous deux exigent, pour repousser
les conclusions prises par les exposants, qu'il y ait dans
la cause des circonstances spéciales et importantes, éta-
blissant que l'intérêt bien démontré des tiers ou des
parties elles-mêmes exige la vente par criées.

Ventes sur publications volontaires après saisie.

ART. 743 du code de procédure civile, 2ᵉ alinéa : « Lors-
« qu'un immeuble aura été saisi réellement, et lorsque
« la saisie aura été transcrite, il sera libre aux intéres-
« sés, s'ils sont tous majeurs et maîtres de leurs droits,

« de demander que l'adjudication soit faite aux en-
« chères, devant notaire ou en justice. »

Ici, les termes mêmes dont s'est servi le législateur
semblent conférer aux parties le droit de choisir le mode
de vente et obliger les juges à déférer au vœu qui sera
exprimé. En pareil cas, il ne peut s'agir que d'indivi-
dus majeurs et maîtres souverains de leurs droits ; je
ne vois donc pas comment le contrat judiciaire de conversion de saisie ne s'imposerait pas dans son entier aux
magistrats qui n'ont d'autre mission que de le constater
et d'en donner acte. Cependant la Cour d'Orléans
(3 Mars 1838) et la Cour de Cassation (4 Avril 1843)
ont décidé que les tribunaux sont appréciateurs de l'op-
portunité d'opérer la vente par criées ou devant notaire,
sans que leur détermination puisse être enchaînée par
l'accord ou la demande des parties. Il me semble que
c'est là statuer au-delà des conclusions prises ; d'ailleurs
cette solution paraît se rattacher à la doctrine d'après
laquelle les juges, devant lesquels a été portée une procédure de saisie immobilière, peuvent refuser la conversion demandée et consentie par tous les intéressés
jouissant de la plénitude de leurs droits civils. Une pareille thèse n'est réellement pas soutenable ; et il ne
nous semble pas non plus qu'on puisse soutenir le droit
des tribunaux à refuser le renvoi devant notaire, quand
il est demandé par un saisi, un saisissant et des créanciers inscrits, tous majeurs et capables.

Biens dotaux
vendus par permission du juge.

Je ne vous cite cette espèce que pour mémoire ; car, dans la pratique des affaires en Bretagne, nous ne voyons guère d'applications des articles 1558 du code civil et 997 du code de procédure civile. Ces articles, qui supposent le régime dotal pour contrat de mariage, sont relatifs à l'aliénation des immeubles dotaux dans un nombre de cas fort limités. Je n'ai trouvé, dans les recueils de jurisprudence que j'ai parcourus, aucune solution, pour ce cas particulier, de la difficulté qui nous occupe. M. Duranton enseigne que le tribunal peut, à son gré, en retenir la vente ou la renvoyer devant un notaire. — (Tome 15, n° 503).

Biens appartenant en tout ou en partie
à des mineurs ou interdits.

Articles 455 du code civil, 955 et 970 du code de procédure civile.

C'est ici l'espèce qui se présente le plus fréquemment devant les tribunaux ; aussi, les arrêts sont-ils nombreux, et les principes qui régissent la matière sont-ils nettement établis par la jurisprudence constante des Cours d'appel. Au surplus, comme je vous le disais en commençant, cette question a une importance pratique considérable ; en dehors des particuliers, elle intéresse gravement la corporation des notaires. Cette corporation a le droit incontestable, sans mériter pour cela le reproche d'é-goïsme et de préoccupation personnelle, de se défendre contre un système d'exclusion presque absolue en fait de ventes publiques d'immeubles. Sans doute, pour les magistrats, l'intérêt particulier de telle ou telle catégorie d'officiers ministériels est bien secondaire ; cependant, il faut prendre garde à ne pas favoriser plutôt l'une que l'autre, sans des raisons prépondérantes. Peut-être l'habitude de garder les licitations pour l'audience des criées est-elle une des causes de ces actes irréguliers, hélas trop nombreux ! par lesquels, sans souci des formalités légales, on liquide des successions échues pour portion à des incapables; on vend des biens appartenant, en tout ou en partie, à des mineurs. Cette détestable pratique n'est, dans une certaine mesure, que l'effet et le résultat, par contre-coup, du monopole créé dans certains arrondissements au profit du greffe et des avoués. Privés d'une source de bénéfices légitimes et sur lesquels ils avaient quelque droit de compter, soutenus d'ailleurs par leurs clients qui veulent éviter des déplacements et croient à l'utilité d'une vente sur les lieux, les notaires évitent les liquidations, partages et ventes judiciaires ; pour y suppléer, ils rédigent des actes de donations-partages sans valeur, rapportent des arrangements et pactes de famille nuls ou annulables ; enfin, dressent des liquidations, comptes et précomptes qu'une formule générale « de garantissant et se portant fort » ne saurait rendre valables.

Mais, je reviens à mon sujet. Vous trouverez, dans la jurisprudence que je vais vous signaler, un respect invincible pour la volonté librement exprimée par les parties, l'idée bien sage et bien juridique de la part des magistrats de ne pas opposer l'arbitraire d'un système

et d'un parti-pris général aux vœux et requêtes des justiciables, à leurs indications, à l'avis des parents, à la
demande des tuteurs et curateurs. Dès l'origine, cette
doctrine de respect et de déférence pour les délibérations
des conseils de famille a été affirmée par toutes les Cours
d'appel, et elles ont poursuivi et continué, sans se lasser,
leur œuvre de réformation. Voici un tableau succint.
Un arrêt de la Cour de Rouen, du 3 Prairial an XII,
déclare que « pour se décider dans l'alternative de dé-
« léguer soit un juge, soit un notaire, le vœu des par-
« ties intéressées dirigé dans la vue de tirer un meil-
« leur parti de la vente est le point *principal* à fixer » ;
— la Cour de Turin se prononce dans le même sens,
le 27 Fructidor an XIII ; — la Cour de Trêves rend, le
11 Février 1811, un arrêt où je lis ce qui suit : « Atten-
« du que, suivant les articles 459 code civil, 954 et 955
« du code de procédure civile, la vente des immeubles
« des mineurs ne peut être ordonnée que d'après un
« avis des parents, et lorsque la délibération du con-
« seil de famille aura été homologuée par le tribunal ;
« par où la loi annonce suffisamment que son intention
« est que les tribunaux *prennent en considération*
« les délibérations des conseils de famille » ; — la Cour
de Colmar juge dans le même sens, le 21 Décembre
1821 ; il en est de même de la Cour de Paris, (arrêts
des 24 Février 1824, 25 Juin 1825, 31 Juillet 1826) ; le
premier de ces arrêts va même jusqu'à dire que « la
« vente devant un notaire doit être ordonnée lorsqu'au-
« cune des parties ne réclame contre la demande qui
« est faite de ce mode » ; — la Cour de Bordeaux
précise et formule la même doctrine dans les considé-

rants d'un arrêt du 28 Juin 1838 : « Attendu que les
« *considérations générales*, qui paraissent avoir déter-
« miné le tribunal de Bordeaux, auraient pour consé-
« quence de faire préférer, dans l'usage, les ventes
« faites à la barre à celles qui sont opérées devant no-
« taire ; que ce système est inadmissible parce qu'il
« contrarie la lettre et l'esprit de la loi, attendu qu'il
« s'agit uniquement, en statuant sur l'appel du tuteur,
« de savoir s'il existe dans la cause des motifs *suffi-*
« *sants pour changer* le mode de vente qu'il avait
« adopté avec le conseil de famille ; attendu que l'ar-
« ticle 457 du code civil, en disposant que le tuteur,
« même le père ou la mère du mineur, ne peuvent
« aliéner ses immeubles sans y être autorisés par le
« conseil de famille, a attaché *une grande impor-*
« *tance à l'avis de ce conseil*, que les tribunaux peu-
« vent sans doute ne pas déférer à cet avis, mais
« qu'ils ne doivent le faire que quand ils ont la preuve
« que les intérêts des mineurs doivent en souffrir ; —
la Cour de Grenoble, par arrêts des 22 Novembre et
23 Décembre 1858, décide que, si le tuteur et le conseil
de famille des mineurs sont d'accord pour demander
que la vente soit faite devant un notaire des lieux de la
situation des immeubles, les juges doivent accueillir
cette demande ; — enfin, la Cour de Rennes, dont les
sentences vous intéressent tout particulièrement, réforme
plus des quatre cinquièmes des jugements qui lui sont
soumis en pareille matière, et rend ainsi aux notaires
les ventes qui leur sont enlevées par les tribunaux. Je
vous cite notamment les arrêts des 23 Septembre 1826
(affaire Maillis), 1er Août 1859 (voir Sirey 1860, 2, 117),

29 Février 1864, 14 Août 1866, 31 Août 1870, 27 Août 1873, 26 Août 1871 (Bulletin de la Cour d'Appel de Rennes). Le point de départ, le fondement même de cette jurisprudence est celui-ci : en principe et sauf preuve certaine du préjudice qui en résulterait pour les mineurs, la délibération du conseil de famille doit être homologuée ; pour ne pas prendre en considération l'avis des parents, il faut des causes de suspicion bien graves, des raisons bien impérieuses.

Tel est, Monsieur, à bien peu d'exceptions près, l'état de la question devant les juges d'appel. Je ne prends parti ni pour un système, ni pour l'autre ; je ne me fais pas le champion de telle ou telle pratique, et je me contente d'admirer la sagesse des magistrats qui, loin d'étendre un pouvoir quasi-discrétionnaire, semblent avoir pris à tâche d'en modérer l'exercice, d'en combattre l'abus, mettant au dessus d'idées personnelles et de théories préconçues la volonté des justiciables.

Et maintenant, je termine par un conseil pratique. Pourquoi arrive-t-il souvent que les demandes des intéressés sont rejetées ? Pourquoi les tribunaux n'acquiescent-ils pas aux requêtes présentées ? Pourquoi les conclusions des parties sont-elles modifiées, à maintes reprises, en ce qui concerne le mode de vente ? Par un motif très-simple : c'est qu'on pose mal la question ; c'est qu'au lieu de prendre une position *négative*, on en prend une *affirmative* ; c'est qu'au lieu de faire remarquer tout simplement qu'il *n'y a pas de motifs pour refuser d'obtempérer aux vœux des parties*, on argumente plus ou moins justement pour démontrer qu'il y a intérêt à commettre un notaire. C'est là choisir

un mauvais terrain : la plupart du temps, il n'existe pas
de raisons vraiment prépondérantes pour faire adopter
telle mesure plutôt que telle autre, et, dans une pareille
hypothèse, les tribunaux doivent homologuer les délibérations de conseils de famille. Pour s'y refuser, il
faudrait quelque grave considération qui, le plus souvent,
ne se rencontrera pas. Si au lieu d'adopter et d'invoquer
ce principe, qui me semble incontestable, on se borne
à discuter le plus ou moins d'inconvénients ou d'avan-
tages de chaque mesure, il n'y a plus de règle pour les
juges ; on se livre à l'appréciation la plus vague et la
plus arbitraire. Sans doute, les circonstances de fait
doivent être invoquées, elles aussi, mais à la condition
d'être examinées et discutées à la lueur d'un principe.
En dehors de là, le champ est trop vaste ; il n'y a plus
ni garantie pour les intéressés, ni ligne de conduite
pour les magistrats.

Les jurisconsultes ont généralement admis cette manière de voir. Je vous cite notamment M. Chauveau
(journal des Avoués, tome 84, page 568, article 3360),
Bioche (dictionnaire de Procédure, v° vente judiciaire).
Voyez aussi un mémoire de M. Bazot, dans le recueil de
jurisprudence du notariat, an 1859, page 54, art. 11507,
et le dictionnaire du notariat n° 22.

*Veuillez agréer, Monsieur, l'assurance de ma parfaite
considération.*

HENRI DE CHAMAILLARD, fils.